L'ÉDIT DES ÉDILES

ET LA

CONSTITUTION DU CONTRAT DE VENTE

PAR

EDM. LABATUT

JUGE D'INSTRUCTION AU TRIBUNAL DE CASTRES

PARIS

ERNEST THORIN, ÉDITEUR

Libraire du Collège de France, de l'École normale supérieure,
des Écoles françaises d'Athènes et de Rome

7, RUE DE MÉDICIS, 7

—

1879

L'ÉDIT DES ÉDILES

ET LA

CONSTITUTION DU CONTRAT DE VENTE

Extrait de la *Revue générale du droit.*

TOULOUSE. — IMP. A. CHAUVIN ET FILS, RUE DES SALENQUES, 28.

L'ÉDIT DES ÉDILES

ET LA

CONSTITUTION DU CONTRAT DE VENTE

PAR

Edm. LABATUT

JUGE D'INSTRUCTION AU TRIBUNAL DE CASTRES

PARIS

ERNEST THORIN, ÉDITEUR

Libraire du Collège de France, de l'École normale supérieure,
des Écoles françaises d'Athènes et de Rome

7, RUE DE MÉDICIS, 7

1879

L'ÉDIT DES ÉDILES

En prenant possession de leur charge, les Ediles, de même que les Préteurs, publiaient un *programme*, traçaient les règles qu'ils comptaient suivre pendant leur administration, indiquaient enfin de quelle manière ils procéderaient dans l'exercice de leurs fonctions : cet exposé se nommait l'*édit* (*edictum*) (1).

. Nous n'insisterons pas sur l'origine et le but de cette institution, sur les différents édits, sur le mode de publication et les formes, sur le droit de rendre des édits ; nous avons traité ces questions dans un autre travail (2) et nous avons vu que l'Edile avait lui aussi contribué à élever cet impérissable monument qui se nomme le *droit honoraire*. Nous parlerons seulement des différents chefs de l'édit des Ediles, que les textes juridiques et classiques nous ont conservé.

Il nous paraît superflu de prouver que les Ediles avaient le droit de rendre des édits, le *jus edicendi*, et qu'il a existé un édit des Ediles. « *Proponebant et ædiles curules edictum de quibusdam causis, quod edictum juris honorarii portio est* (3). » Dans quelques textes, on le désigne même par le nom de *droit*

(1) Dig., l. 2, § 10, *De orig. jur.*
(2) *Hist. de la préture*, 1868, p. 297, etc.
(3) Instit. , *De jur. nat. gent.*, § 7. — V. dans le *Dict. des antiquités grecques et romaines*, le savant article de M. Humbert, v° *Ædilis*.

prétorien (1), et cela, parce que l'édit des Ediles fut réuni sous Hadrien à l'édit perpétuel du préteur (2). Cette réunion des deux édits en un seul démontre la fausseté de l'opinion de Dodwell, qui soutenait qu'Hadrien avait publié isolément un édit édilitien perpétuel. L'autorité de l'édit des Ediles s'étendait depuis long-temps, dans les provinces, comme dans Rome : toutes les villes municipes ou colonies, qui avaient adopté la législation romaine, ou auxquelles on l'avait imposée, devaient se conformer aux prescriptions de cet édit (3). Les pouvoirs de l'Edile dans l'ordre judiciaire étaient analogues a ceux du Préteur : ils peuvent se résumer dans ces trois mots : *do*, *dico*, *addico*; il donnait des actions, et nommait des juges; il rendait la justice, il adjugeait au créancier les biens du débiteur. Ulpien (4) nous a conservé le texte même de ces édits. « *Emptori aiunt ædiles, omnibusque ad quos ea res pertinet judicium dabimus.* » Grâce à l'extension de la puissance romaine et aux relations internationales qni en furent la conséquence, l'édit des Ediles acquit, dès le sixième siècle de Rome, une très-grande impor-tance. En effet, la juridiction exclusive des *marchés publics* (5), où se traitaient toutes sortes d'affaires, rentrait dans les attri-butions édilitiennes; or, cette juridiction permit aux Ediles d'étendre leur pouvoir sur les points les plus variés du domaine commercial, et Labéon a pu écrire ces lignes reproduites par Ulpien (6) : « *L'édit des Ediles curules embrasse toute sorte de ventes, tant de choses mobilières qu'immobilières, de même que la vente des êtres animés.* » Il n'est arrivé jusqu'à nous

(1) Dig., l. 5, *pr. De verb. signif.* « *Prætorias autem stipulationes sic exaudiri opor-tet, ut in his continentur etiam Ædilitiæ...* » Cf. Inst. *De div. stip.*, § 2, 13, 19.

(2) Cod., l. 2, § 3, *De vet. jur.*, I, 17.

(3) Théophile par Inst. *De jur. nat.*, etc., § 7. Ulpien (Dig., l. 37, *De ædil. edict.*) dit : « *Ubique enim curat ædiles, ne emptores a venditoribus circum veniantur...* » Cf. Petronne, *Satir.* 52.

(4) Dig., l. 49, *De ædil. edict.*

(5) Les marchés publics, *nundinæ* (de *nonus dies*, parce que les marchés avaient lieu tous les neuf jours), ne pouvaient être établis qu'en vertu d'une autorisation du gouvernement. Cette faveur était très-recherchée par les riches propriétaires, qui vendaient ainsi plus facilement les produits de leur domaine ; on nommait ces marchés, *nundinæ domesticæ*, pour les distinguer des marchés publics établis sur l'ordre des municipalités (Pline, ép. V, 4. Cicéron, *Philip.*, II, 36. Suétone, *Claud.*, 12).

(6) Dig., *præm., De ædil. edict.*

qu'une faible partie de cet édit, et on peut réduire sur ce sujet à trois chefs les matières qu'il réglemente : 1° la vente des esclaves; 2° la vente des bêtes de somme ; 3° le dommage que les animaux causent dans les rues. Cette division ressort clairement de l'ouvrage d'Ulpien, *De ædilitio ædicto*, dont Justinien a fait insérer des fragments dans le Digeste.

Doit-on s'étonner de ne pas retrouver dans le corps des lois romaines un plus grand nombre de dépositions du droit édilitien ? Nous ne le pensons pas, et la situation faite aux Ediles, dès l'avénement d'Auguste, les atteintes que subit leur pouvoir, les démembrements même de leur juridiction, nous en donnent l'explication. Le droit prétorien s'étendit bientôt sur toutes les branches de l'administration, et au moment où Hadrien ordonna la rédaction de l'édit perpétuel, il est probable qu'on laissa de côté les chefs de l'édit édilitien que le préteur s'était pour ainsi dire appropriés. Le droit prétorien avait alors envahi tout le domaine du droit civil (1). Nous ne possédons même pas dans leur intégrité, ni dans leur texte primitif, les chefs qui sont arrivés jusqu'à nous; différents paragraphes du Digeste suffiraient à établir qu'ils sont incomplets, si nous ne pouvions nous rendre compte de ces lacunes d'une façon plus matérielle. Nous aurons, en effet, l'occasion de compléter certains chefs à l'aide de textes classiques, et nous emprunterons, par exemple, à Aulu-Gelle (2) le complément essentiel de la partie même de l'édit traitée avec le plus de développement dans le Digeste (3). Nous dirons ensuite quelques mots de différents chefs de l'édit des Ediles; signalons, dès à présent, l'édit sur les dépenses des funérailles, pour lequel les textes classiques et l'épigraphie nous offrent d'intéressants documents; le chef concernant la castration des esclaves; le chef relatif à la police des spectacles, etc., etc.

Nous trouvons aussi, au Digeste (4), un *interdit* concernant la voirie : *de via publica et si quid*, extrait de l'ouvrage de Pomponius sur l'édit des Ediles. Enfin, le jurisconsulte Marcellus (5) se sert d'une expression qui nous permet de supposer que les

(1) Janus Acosta, ad Instit. Just. *De div. stipul.*, § 2.
(2) *Noct. Attic.*, IV, 2.
(3) Dig., l. I, *De ædil. ed.*
(4) Dig., XLIII, 10.
(5) Dig., l. 2, *De divis. et temp. act.*, XLIV, 3.

actions édilitiennes étaient en très-grand nombre. « S'il s'agit, dit-il, de certaines actions qui doivent être intentées dans un temps limité, comme par exemple la plupart des *actions édilitiennes* (*ut ædilitiæ pleræque actiones*), » l'Edile accordait donc des *actions perpétuelles*, puisque toutes n'étaient pas temporaires; or nous n'en connaissons aucune qui ait un caractère imprescriptible.

Nous devons remarquer que des jurisconsultes n'ont même pas observé, dans l'insertion de l'édit des Ediles, l'ordre dans lequel les chefs avaient été édictés, ni le rang que les paragraphes occupaient originairement.

Mais avant de passer à un examen détaillé des différents chefs de l'édit, nous essaierons dc faire ressortir les modifications introduites par l'édit des Ediles dans la constitution du *contrat de vente*, et nous apprécierons ainsi tout ce que notre législation a emprunté sur la matière au droit édilitien.

I. *La constitution du contrat de vente.* — Dérivant plus que toute autre convention du droit des gens, la *vente* adoptée par le droit civil devait conserver son caractère primitif et laisser aux parties la plus grande liberté. On procéda à Rome d'une façon tout opposée, et ce n'est que graduellement et après des siècles que l'on revêtit ce contrat des effets qui sont la conséquence de sa nature même. De là ces distinctions subtiles et restrictives pour les obligations du vendeur et de l'acheteur, que nous retrouvons dans l'ancien contrat de vente, contrat qui ne pouvait d'abord produire d'effet que tout autant que les prescriptions rigoureuses du droit civil avaient été observées.

A l'origine, toute clause, même celles que nous considérons comme étant de l'essence du contrat de vente, durent être scrupuleusement insérées et nettement spécifiées : on ne se demandait pas, dans l'interprétation, ce qu'avaient voulu les parties, on n'essayait pas de rechercher dans l'acte lui-même l'intention des contractants; on ne tenait compte que des faits constants et exprimés. Ici, comme dans toute l'ancienne législation, la lettre domine : qu'importe l'esprit, qu'importe l'injustice de l'interprétation; on ne s'inspire que des formes extérieures. Et cependant, nulle convention, plus que la vente, ne méritait d'être interprétée par les principes de l'équité.

Cette réforme nécessaire sera l'œuvre des Édiles, et nos législateurs en feront leur profit.

Le vendeur est tenu de procurer à l'acheteur la chose objet du contrat, *rem præstare*, et il arrive à ce résultat par la tradition (1) ; il doit lui procurer, non pas une simple détention, mais une véritable possession : *obligatus est venditor, ut præstet licere habere* (2). Ces conditions remplies, l'acheteur n'a pas à se préoccuper des titres du vendeur sur la chose ; il n'a pas à se demander s'il était ou non propriétaire : on lui a promis la possession civile, et rien de plus ; il n'a donc pas le droit de se plaindre. Mais il était juste que la loi vînt à son tour protéger l'acheteur : s'il ne peut rien réclamer contre un vendeur de bonne foi, quand même il aurait la preuve qu'on lui a vendu la chose d'autrui, il peut recourir contre son auteur, quand il est troublé dans sa possession, ou menacé dans ses droits par un tiers qui agit contre lui, en vertu d'une cause préexistante au contrat. De là cette règle que toute éviction investit celui qui la subit d'un droit de garantie, lui procure une compensation, *in id quod interest*, formulée en ces termes, par le jurisconsulte : *Sive tota res evincatur, sive pars, habet regressum emptor in venditorem* (3).

Dans un sens large, il y a éviction toutes les fois que l'acheteur n'est pas maintenu dans les droits qu'a dû lui transférer le vendeur. Du moment où l'acheteur subit une éviction soit totale soit partielle, les obligations du vendeur ne sont plus remplies, le promesses qu'il a faites sont illusoires et le contrat est vicié ; si, en effet, l'acheteur comptait avoir la propriété durable et intégrale de la chose, le vendeur de son côté s'était engagé à la lui procurer.

Il est donc évident que l'on ne saurait comprendre la vente, contrat de *bonne foi*, sans la garantie en cas d'éviction.

Pour l'exercice de l'éviction *duplæ*, il fallait que l'acheteur fût évincé dans un sens strict et littéral, *evincere est judicio vincendo aufere* : c'est l'enlèvement de la chose par le résultat d'une décision judiciaire (4).

---

(1) Dig., l. 11, § 2, *Act. empt., et vend.*, XIX, 1.
(2) Dig., l. 30, § 1, *loc. cit.*
(3) Dig., l. 11, § 2, *De act. empt.*, XIX, 1.
(4) Dig., l. 16, § 1. *De evict.*, XXI, 2.

La garantie, *auctoritas*, est la nécessité pour le vendeur de dédommager l'acheteur : *Auctoritas id est pro evictione* (1). L'exercice du droit de garantie peut s'ouvrir dans trois cas : 1° Soit que l'acheteur ait succombé dans le procès, ou qu'il ait été obligé de rendre la chose par suite d'une action en revendication ou hypothécaire; 2° soit que, poursuivi par un tiers, il n'ait pu conserver la chose qu'en payant la *litis æstimatio*; 3° soit enfin qu'après avoir reçu la tradition de la chose il la perdît, et qu'il succombât dans sa revendication contre le nouveau possesseur. Dans ces trois cas il y avait lieu à l'action *ex stipulatu duplæ* (2). Ces prescriptions sont trop équitables pour qu'il soit utile de les expliquer et à plus forte raison de les justifier. Mais, quand l'acheteur est actionné par un tiers en restitution de la chose, il doit opposer tous les moyens de défense employés en pareil cas, et, spécialement, prévenir le vendeur de la poursuite qu'on intente contre lui *litem denuntiare* (3). On comprend, en effet, que s'il soutenait seul le procès et ne mettait pas en cause son auteur, il lui serait d'abord plus difficile de triompher, puisqu'il n'aurait pas à sa disposition tous les éléments nécessaires ; et qu'en second lieu, le vendeur aurait le droit de lui dire, en cas d'insuccès : « Vous avez perdu le procès parce que vous ne m'avez pas appelé en cause; si j'étais intervenu, j'aurais produit des titres qui auraient modifié la situation : supportez les conséquences de votre faute. » Mais nous ne pouvons entrer ici dans de plus longs détails.

Le vendeur a livré à l'acheteur l'objet du contrat; il l'a garanti contre toute éviction provenant du fait d'un tiers et dans les conditions que nous avons précisées. Ses obligations doivent-elles s'arrêter là? a-t-il satisfait à tous les principes de l'équité ? Evidemment non, car s'il garantit l'acheteur contre une éviction étrangère, il doit, au même titre et pour les mêmes raisons, le garantir contre cette espèce d'éviction provenant de

______

(1) *Loc. cit.*, L. 16. Paul, *Sent.* II, 17. *Venditor, si ejus rei quam vendiderit dominus non sit, pretio accepto, auctoritati manebit obnoxius.*

(2) L'*actio empti* était plus large que l'*actio ex stipulatu*; on l'utilisait dans bien d'autres cas : par exemple, lorsque l'acheteur ne conservait pas la chose en vertu de la vente ou quand le vendeur avait cédé sciemment la chose d'autrui.

(3) Dig., 1, 51, § 1; 1, 56, § 4 à 7; 1, 63, § 1, *De evict.* XI, 2.

son fait, qui résulte des *défauts cachés* de la chose vendue, alors que ces défauts la rendent impropre au service qu'on en attendait, en altèrent la qualité, diminuent la valeur et constituent finalement une perte pour l'acheteur.

Cette seconde espèce de garantie dérive d'une même cause : l'inexécution du contrat. Elle n'a pas toujours existé et fut l'œuvre des Édiles; ici encore, nous devons constater la salutaire influence du droit Honoraire sur la législation primitive et signaler les réformes utiles introduites par l'édit.

D'abord, le caractère vague et indéfini de la *vente*, non encore considérée comme un contrat consensuel, ne suppose pas une semblable sollicitude pour l'équité : Le juge aura seulement à considérer ce que les parties ont stipulé; le législateur n'est pas allé au delà. Les parties ont-elles stipulé la garantie en cas d'éviction proprement dite, ou bien la garantie de l'éviction par suite des défauts cachés de la chose? on ne leur accordera que les dommages-intérêts qu'elles ont rigoureusement fixés (1). Du reste, les acheteurs expérimentés ne manquaient jamais de prévoir ces cas d'éviction, en stipulant d'ordinaire la restitution du double du prix pour le cas où ils seraient évincés (2). *Stipulatio duplæ; cautio duplæ.* Mais, remarquons-le, les contractants ne jouissaient pas d'une complète latitude pour l'évaluation de ces dommages-intérêts; la loi avait fixé un maximum, le *quadruple* (3).

Il serait facile de faire ressortir l'insuffisance et même l'injustice de cette constitution du contrat de vente : Pour les contractants inhabiles et ignorants, ils subissaient des évictions sans aucun dédommagement, lorsqu'ils n'avaient pas stipulé une restitution du prix ou une compensation; d'autres pouvaient par faiblesse céder aux suggestions d'un vendeur expérimenté et captieux, qui les trompait par de belles promesses, et ne leur offrait, pour garantie, que sa bonne foi, en prenant Mercure à témoin qu'il était superflu d'exiger une stipulation. Cette réforme, nécessaire et commandée par les principes mêmes de la bonne foi, qui doivent dominer dans le contrat

(1) Dig., 1. 11, § 4, *De act. empt.*
(2) Dig., 1. 31, § 20, *De ædil. edict.*, 1. 37, *De evict. et stip. dup.*, 1. 72, *pr., De contr. empt.* Cicéron écrit dans le *De officiis : qui inficiatus esset, dupli pœnam subiret.*
(3) On stipulait aussi le simple et le triple. Dig., L. 56, *pr., De evict.*

de vente, fut introduite par les Ediles avec un tel soin et une telle habileté , qu'on ne saurait trouver dans le corps des lois romaines une matière mieux traitée.

La juridiction que ces magistrats exerçaient sur les marchés publics , les avait suffisamment initiés à toutes les fraudes et supercheries mises en œuvre par les contractants; ils étaient en mesure d'apprécier les besoins de la pratique et les vices de la constitution du contrat de vente. En vertu du pouvoir discrétionnaire dont ils jouissaient, ils imposèrent les stipulations en cas d'éviction, laissées autrefois à la seule appréciation des parties et à leur fixation. Ils prirent un terme moyen, qui leur fut sans doute inspiré par la pratique, et adoptèrent l'usage de la stipulation au double : *duplæ stipulatio.*

A ce moment la constitution du contrat de vente est en harmonie avec les vrais principes ; elle réunit les conditions nécessaires ; les parties n'ont plus a se préoccuper de l'insertion dans le contrat d'une stipulation ; elle existe par elle-même, elle est de la nature de la vente, et l'acheteur évincé peut agir contre son vendeur en vertu même du contrat.

Les obligations du vendeur étaient donc nettement et définitivement établies par l'introduction de la *stipulatio duplæ* comme garantie de certains vices. Mais là ne s'arrêtèrent pas les modifications utiles de l'édit. Le droit civil romain primitif n'avait pas soumis le vendeur à la garantie des vices de la chose : Le vendeur n'était passible de dommages-intérêts que s'il était convaincu de dol, s'il y avait eu de sa part réticence frauduleuse : Cicéron (1) entre à ce sujet dans quelques détails.

Les édiles modifièrent ces dispositions (2) et réglementèrent la matière, d'abord à propos de la vente des esclaves et des bêtes de somme, et plus tard pour toute vente (3). On accorda à l'acheteur à raison de ces défauts deux actions à son choix : 1° Une action en *résiliation* du contrat, ou *rédhibitoire* (4); 2° Une action en *diminution de prix, quanti minoris;* c'est-à-dire, autant que la chose aurait été vendue, de moins si le vice avait été connu.

---

(1) *De offic.*, III, 13 et 17.
(2) Dig., 1. 6, § 4, *De act. empt.*, XIX, 1.
(3) Dig., 1. 48, § 6 ; 1. 63, *De ædilit. ed.*, XXI, 1.
(4) *Loc. cit.*, 1. 18, *pr.* ; 1. 45, *pr.*

Les dispositions de cette partie de l'édit ont trouvé place dans notre code civil (art. 1641, etc.)

LA VENTE DES ESCLAVES.

§ I. — « *Ne songes-tu pas*, écrit Sénèque (1), *que celui que tu appelles ton* ESCLAVE *tire son origine d'une semblable semence, qu'il jouit du même ciel, qu'il vit et meurt comme toi? — Le hasard seul donne la condition, mais l'esclave peut être libre par la grandeur de son âme...* »

La condition de l'esclave dans les temps anciens est l'exemple le plus cruel de l'iniquité sociale : au milieu de ces civilisations brillantes dont les œuvres littéraires et artistiques sont encore nos modèles, un fait brutal et monstrueux s'offre à nos yeux, l'*esclavage*. Dans ce monde où le génie humain s'est révélé si puissant et si beau, l'inégalité domine ; c'est le douloureux spectacle de l'homme asservi par l'homme, et, si celui qui asservit, est la force, celui qui est asservi est le plus souvent l'intelligence.

La voix de Sénèque et de quelques rares philosophes n'eut point d'écho ; l'intérêt des puissants était là pour l'étouffer : mais, nous le disons avec quelque fierté, certains interprètes de la loi, les jurisconsultes élevés d'après les nobles principes de l'école stoïcienne, ne se méprirent pas sur le caractère de cette institution, et nous citerons parmi eux Florentinus, qui reconnaît dans l'esclavage *un fait contre nature* (2).

Les esclaves forment l'immense majorité dans la population romaine ; il est donc inutile d'insister sur la haute importance

______

(1) Sénèque, *Epit.*, 47.

(2) Dig., l. 4, I, 5 : « *Servitus est constitutio juris gentium, quâ, quis domino alieno contra naturam subjicitur.* » Ulpien (l. 4, I, 1) proclame le principe de l'égalité : « *Quum jure naturali omnes liberi nasceremur, quoad jus naturale, omnes æquales sunt.* » Sénèque le Père avait dit avant eux (Controv., III, 22) : « *Neminem naturâ servum.* » — D'un autre côté, il serait trop long de citer tous les préjugés que la législation même de Justinien consacre sur les esclaves : « *Servis autem ipsis quidem nulla injuria fieri potest* (Instit., IV, 4). — *Ut si quis servo convitium fecerit, vel fugus eum percusserit, nulla in eum domino actio competit* (Dig., l. 5, XLVII, 10). — *Quod attinet ad jus civile, servi pro nullis adhibentur* » Dig., l. 32, L, 17. — Cod., l. 6, III, 1. — L. 13, II, 4). — Il est par là évident que l'on ne pouvait faire de plus grave injure à un citoyen que de l'appeler *esclave* (Cod., l. 9, IX, 35).

du premier chef de l'édit des Ediles qui les concernait : l'étude
de ce chef fournirait les éléments d'un traité sur l'esclavage (1).

La *vente* des esclaves avait été entourée d'un nombre infini
de précautions qui permettaient aux acquéreurs d'éviter en partie les pièges si nombreux que leur tendaient les marchands :
« *mala emptio semper stultitiam domino exprobrat* (2). » Nous
dirons en peu de mots quels étaient en cette matière les règles
et les usages.

Des marchés spéciaux étaient consacrés à la vente des esclaves ; on les exposait sur un échafaud (*catasta*) ; ils étaient nus
et on marquait avec de la craie ceux qui venaient d'outre-mer;
les autres étaient marqués au sceau de la République ou de
leur ancien maître, suivant qu'ils étaient esclaves privés ou publics (3). *Souvent*, dit le jurisconsulte Vivianus (4), *la nation
dont un esclave est originaire engage ou détourne l'acheteur ; il est
donc de notre intérêt d'être informés sur ce point, car il est admis
que certains esclaves sont bons ou mauvais suivant le pays où
ils sont nés.* » Les auteurs, et particulièrement les agronomes,
s'étaient occupés de cette question : Varron (5) avait remarqué
que les Espagnols faisaient de très mauvais pâtres, tandis que
nos ancêtres avaient le plus grand soin des troupeaux. Le nom
seul d'un esclave sarde arrêtait les acheteurs (6). L'édit des Ediles avait pour ces raisons prévu le cas où le vendeur n'avait
pas déclaré le pays de l'esclave, et donnait une action à l'acheteur ou à celui à qui il appartenait pour faire reprendre l'esclave au marchand (7).

D'après l'opinion du jurisconsulte Célius Sabinus, les esclaves
que l'on exposait la tête couverte d'un bonnet étaient vendus
sans garantie ; il soutenait que ce signe distinctif prévenait suffisamment les acheteurs, qui, sans se préoccuper de l'erreur,
de la fraude ou des autres conditions de la vente, voyaient

(1) Nous savons que les étudiants en droit de Constantinople consacraient une
partie de leur troisième année d'étude à l'édit des Ediles (Cod., l. II, § 4 ; I, 16).

(2) Pline, *Epit.*, I, 24.

(3) Pline, *Hist. nat.*, XXXV, 18. — Ovide, *Amor*, I, 8, v. 64. — Tibulle, II, 6,
v. 41. — Properce, IV, 5, v. 51. — Juvénal, VII, v. 16.

(4) Dig., l. 31, § 2, *De œdilit. edicto.*

(5) *De re rusticâ*, II, 10. — Cf. Pline, *Hist. nat.*, III, 1.

(6) *Sardi venales alter altero nequior* (Aurélius Victor, 57, 2).

(7) Dig., l. 31, § 21, *De œdil. edicto.*

quelle catégorie d'esclaves on leur offrait. « *D'après une ancienne coutume*, ajoute-t-il, *quand on exposait en vente les esclaves pris à la guerre, on leur mettait une couronne sur la tête ; d'où est venue l'expression* SUB CORONA VENIRE, *la couronne était la marque distinctive des captifs* (1). »

Les marchands faisaient ensuite courir, sauter et crier les esclaves en présence des acheteurs, et leur faisaient subir de nombreuses épreuves ; ceux d'entre eux que l'on destinait aux plaisirs des Romains étaient choisis parmi les plus beaux et n'avaient pas de prix : l'homme compte rarement avec ses passions.

Térence (2) a introduit dans l'*Eunuque* une vente d'esclaves :
P. Faites sortir ces esclaves que je vous ai dit. Avance-toi : elle vient du fond de l'Etrurie. — T. Cela peut valoir trois mines. — P. Et toi, où donc es-tu ?... Tenez, voilà votre eunuque... Quelle fleur de jeunesse !... qu'en dites-vous ?... Interrogez-le sur les belles-lettres, sur la musique...

Dans un fragment de l'Edit que nous a conservé Aulu-Gelle (3) on lit : « *Ayez le soin de dresser chacune de vos listes de vente, de manière que l'on puisse voir facilement les maladies et les vices des esclaves ; s'assurer s'ils sont fugitifs ou vagabonds, ou s'ils se trouvent sous le coup d'une condamnation.* » On écrivait tous ces renseignements sur un écriteau que l'on suspendait ensuite au cou de l'esclave exposé ; les Ediles surveillaient rigoureusement l'exécution de cette prescription, et chacun pouvait lire les titres et les défauts des esclaves, les fonctions qu'ils étaient en état de remplir, que sais-je encore (4)? *On m'a assuré*, dit ironiquement Philostrate (5), *que lorsque les marchands vous amènent des esclaves de Carie, ils inscrivent parmi leurs qualités de n'être pas voleurs.* Plus tard cet usage tomba en désuétude et on fit proclamer par un crieur les titres de l'esclave. C'est ainsi que l'on considéra l'homme comme une marchandise : on vendit le génie d'Epicure, l'esprit d'Esope, la grâce de Phèdre, le courage de Spartacus ; tout se vend à Rome, l'intelligence et le corps.

Malgré tout le soin que les Ediles apportaient à la stricte exé-

---

(1) Aulu-Gelle, VII, 4.
(2) *Eunuq.*, III, 2, v. 23.
(3) *Noct. Attic.*, IV, 2.
(4) Id., *loc. cit.* — Properce, *Eleg.*, IV, 5. — Pétronne, *Satir.*, 29.
(5) Apollon, III, 25. — Cf. Sénèque, *Epit.*, 47.

cution de leur édit, les acheteurs n'en étaient pas moins souvent trompés. « *On a beau veiller pour n'être pas pris en défaut, dit Plaute, la vigilance n'est pas encore assez éveillée ; le plus vigilant est dupé lui-même* (1). »

Les Ediles obligèrent les marchands à déclarer l'état sanitaire et les défauts de l'esclave. Nous trouvons dans Varron (2) un texte qui est certainement copié dans l'édit ; après avoir parlé des six modes d'acquisition, il ajoute : Le pécule des esclaves passe ordinairement à l'acheteur par droit d'accession, à moins qu'on ne s'en réserve la propriété par une clause particulière. On stipule, en outre, que l'esclave acheté est sain et que le vendeur est garant de toute répétition, à raison des vols qu'il pourrait avoir commis ou des dommages qu'il pourrait avoir causés. Suivant les conventions faites entre les deux parties, le vendeur s'engage à payer, en cas d'éviction, le double du prix, ou à rendre simplement la somme qu'il a reçue.

Voici le texte même de l'édit des Ediles conservé par Ulpien (3) : Ceux qui vendent des esclaves doivent avertir les acheteurs des maladies et des vices qu'ils peuvent avoir, leur déclarer s'ils sont fuyards, vagabonds ou soumis à quelque action noxale : cette déclaration doit être prononcée publiquement lors de la vente. Si l'esclave a été vendu sans cet avertissement, ou s'il en est autrement que le vendeur ne l'avait déclaré, nous donnerons action pour faire reprendre l'esclave, non seulement à l'acheteur, mais encore à tous ceux à qui il appartiendra ; mais si depuis la vente l'esclave a été détérioré par le fait de l'acheteur, de ceux qui le représentent ou qui sont sous dépendance ; ou si l'esclave a acquis quelque chose ou donné un produit quelconque, nous ordonnerons de rendre au vendeur ce qu'il aurait pu perdre par l'effet de ces circonstances. — De même si l'esclave s'est rendu coupable de quelque faute capitale, s'il a attenté à sa propre vie, s'il est descendu dans l'arène pour combattre avec les bêtes, toutes ces circonstances doivent être déclarées dans la vente, parce que nous accorderons action en conséquence de ces cas. Si le vendeur a sciemment et par mauvaise foi contrevenu à quelque chose de ce qui vient d'être énoncé, nous donnerons action à l'acheteur.

Par une application du principe, *nemo censetur legem ignorare*, on avait décidé que le vendeur serait toujours tenu, même dans le cas où il aurait ignoré l'édit des Ediles : du reste, qu'importe à l'acheteur d'être trompé par l'ignorance ou la mauvaise foi du vendeur. Une seule exception avait été introduite en faveur des ventes consenties par le fisc ; on ne leur appliquait pas l'édit des Ediles (4) ; mais cet édit retrouvait toute sa force dans les ventes consenties par des municipes ou des pu-

____

(1) Plaute, *Captiv.*, II, 2, v. 5.
(2) *De re rusticâ*, II, 10.
(3) Dig., l. 1, § 1, *De ædilit. edict.*
(4) Dig., l. 1, § 3, *De ædilit. edict.*

pilles (1). On avait étendu ses dispositions à l'échange (2). *Si un individu a fait un échange, il faut dire que les deux parties représentent un vendeur et un acheteur ; elles peuvent être l'une et l'autre actionnées en vertu de l'édit des Ediles.* »

Ulpien (3) fait remarquer que l'Edit ne mentionne pas le louage. On donnait deux raisons de ce silence ; ou que la juridiction édilitienne de s'était jamais étendue à ces sortes de contrats ; ou parce que les locations ne se font pas comme la vente. L'édit n'avait pas davantage trait aux donations (4). En effet, celui qui donne ne recevant aucun prix de sa chose ne peut s'attendre à une restitution.

Il naît trois actions de ce chef de l'édit que nous avons reproduit : l'action *rédhibitoire*, l'action *quanti minoris* et celle qui est accordée contre le vendeur qui a *par dol caché quelques vices* : le texte suivant nous paraît se rapporter à l'exercice de cette dernière action (5). « *Si l'on vous a vendu, non de bonne foi, mais à dessein de vous tromper, un esclave fuyard ou infesté de quelque autre vice que vous ne connaissiez pas ; et, si cet esclave s'est enfui, le juge compétent doit condamner le vendeur, non seulement à vous rendre le prix de l'esclave, mais encore à vous dédommager du tort que vous a fait sa fuite, conformément aux anciennes décisions sur cette matière.* »

Cet édit n'était pas limité aux ventes d'esclaves : il comprenait toute espèce de ventes (6).

Les Ediles accordaient une action à tout acheteur et à celui qui lui succédait à titre universel (7). « *Elles se donnent*, dit Pomponius, *non seulement pour les esclaves, mais encore pour toute espèce d'animaux et même pour l'usufruit d'un esclave qui aurait été vendu.* » Elles étaient par la même raison accordées pour l'accessoire, car — *quod emptione accedit, partem esse venditionis pendentibus visum est* (8). L'accessoire de la chose vendue doit être fourni dans son intégrité ; mais il n'en est ainsi

---

(1) *Loc. cit.*, l. 1, §§ 4, 5.
(2) Dig., l. 2, *De rer. permutat.*, XIX, 4 ; l. 19, § 5, *De ædilit. edict.*
(3) Dig., l. 63, *eod.*
(4) Dig., l. 62, *eod.*
(5) Cod., l. 1, *De ædil. edict.*, IV, 58.
(6) Dig., l. 63, *De ædil. edict.*
(7) *Loc. cit.*, l. 19, § 5 ; l. 48, § 6.
(8) *Loc. cit.*, l. 31, § 25.

que lorsque l'accessoire est un corps certain (1). On n'admettait pas d'action rédhibitoire pour les meubles de peu de valeur (2) : s'emparant de cette disposition, les marchands vendaient les esclaves comme accessoires d'objets sans valeur; mais les Ediles déjouèrent cette fraude en défendant de les considérer comme l'accessoire d'une chose qui n'atteignait pas leur propre prix. Nous voudrions pouvoir accepter l'opinion de Pedius, qui estime que les Ediles introduisirent cette prohibition par respect pour la dignité de l'homme (3).

Le chef de l'édit relatif à l'exercice de l'action rédhibitoire mentionne les maladies et les vices dont l'esclave peut être infesté; les anciens jurisconsultes se sont demandé ce qu'il fallait entendre par esclave *morbosus* ou *vitiosus* (4). Les vices de l'esprit ne devaient être garantis par le vendeur que dans le cas d'une convention expresse, mais l'édit faisait une exception pour l'esclave fuyard et vagabond, dont le vendeur devait déclarer les vices, bien qu'on les considérât comme des vices de l'esprit (5). L'édit n'admettait pas l'action rédhibitoire et ne donnait que l'action *ex empto* pour les joueurs, les ivrognes, les menteurs, les gourmands, etc. (6). Les vices du corps qui ne présentaient aucun caractère de gravité ne donnaient pas lieu à l'action rédhibitoire (7). Les Ediles donnèrent une longue liste des infirmités graves, mais cette énumération serait pour nous sans intérêt. Nous n'insisterons pas davantage sur les actions accordées par l'édit, car nous n'avons pas la prétention d'écrire un traité complet sur la vente.

§ 2. — Nous trouvons encore dans l'ouvrage d'Ulpien (8) le chef de l'édit relatif à la vente des animaux et des objets mobiliers et immobiliers. Nous lisons : Ceux qui vendent des chevaux doivent déclarer leurs maladies et leurs vices, et les livrer aux acheteurs avec les

---

(1) *Loc. cit.*, l. 33.

(2) *Loc. cit.*, l. 48, § 8.

(3) *Loc. cit.*, l. 44.

(4) Aulu-Gelle, IV, 2. — Cicéron, *Tuscul.*, IV, 29. — Dig., l. 1, § 7, *De ædil. edict.*; l. 101, § 2. — *De verbor. signif.* (L, 16).

(5) Dig., l. 1, §§ 9 et 10; l. 4, § 3, *De ædil. edict.*

(6) *Loc. cit.*, l. 4, *pr.*; l. 52; l. 65.

(7) *Loc. cit.*, l. 1, § 8; l. 4, § 6; l. 6, § 1 et *passim*; l. 225, *De verbor. signif.* (L, 16).

(8) *Loc. cit.*, l. 38, 39, 40, 64, etc.

harnais dont ils les ont parés pour les vendre. A défaut par eux de s'être conformés à ces dispositions de l'édlt, nous donnerons action aux acheteurs pour faire restituer les harnais ou reprendre les chevaux pendant soixante jours ; pendant six mois, s'ils ont constaté quelque vice ou quelque maladie ; pendant un an, pour leur faire restituer ce qu'ils auraient valu de moins, *quanti minoris*. L'individu qui, pour former un attelage, aura acheté deux chevaux, dont l'un se trouve dans le cas de rédhibition, obtiendra une action pour faire reprendre les deux bêtes par le marchand.

Comme il aurait pu exister un doute sur la question de savoir si on devait appliquer à tous les animaux ces prescriptions de l'édit, les Ediles insérèrent une seconde disposition : Ce que nous avons dit sur l'état parfaitement sain dans lequel doivent être les chevaux vendus est applicable pour toute espèce d'animaux à ceux qui les vendent. Ulpien nous apprend (1), que l'on doit suivre pour les ventes d'animaux toutes les règles prescrites à l'occasion des vices et maladies des esclaves. Quant aux ventes d'autres objets, il était écrit « *que l'action rédhibitoire avait lieu même pour un fonds de terre vendu ; par exemple, si ce fonds exhale un air pestilentiel* (2). » L'action pouvait être exercée pendant les *six mois* à partir de la vente.

L'action *estimatoire* a une même origine que l'action rédhibitoire. Il faut, dit Pomponius (3), écouter celui qui se plaint des vices ou des défauts de la chose qu'on lui a vendu, encore qu'il veuille la garder. L'acheteur pouvait intenter cette action *dans l'année*, bien qu'il eût laissé s'écouler les six mois sans intenter l'action rédhibitoire.

L'action estimatoire s'exerçait dans des cas spéciaux qui ne donnaient point lieu à la rédhibitoire ; en matière de servitude, par exemple, celui qui est condamné n'est tenu de restituer que ce que l'acheteur aurait *payé de moins*, s'il eût su que la chose était grevée d'une servitude (4). Les Ediles avaient aussi décidé que l'acheteur serait tenu de payer une indemnité dans le cas ou il aurait détérioré l'objet rendu (5). Une disposition avait réglé que « *tout ce que l'acheteur aura payé pour l'esclave ou à titre d'accessoires ne sera point rendu et qu'il ne sera point*

---

(1) Dig., l. 38, §§ 3, 6 et 7 ; l. 8 ; l. 43, etc., *De ædil. edict.*
(2) *Loc. cit.*, l. 49. — Cod., I. 4 ; IV, 58. — Pétronne, *Satiric.*, 52.
(3) Dig., l. 49 ; Cod. l. 4-IV, 58. Pétrone, *Satiric.*, 52.
(4) *Loc. cit.*, L. 61.
(5) *Loc. cit.*, L. 25, etc. L. 31, § 15. L. 43, § 5.

libéré des obligations contractées par rapport à lui (1). » Mais si le maître a contracté des obligations pour l'esclave, le vendeur devra rembourser à l'acheteur les sommes qu'il aura fournies (2). Les Ediles avaient enfin décidé que l'acheteur ne serait remboursé du prix de l'esclave qu'après l'avoir rendu. Gaius blâme avec raison cette disposition : il eût été plus juste de dire que l'acheteur fournirait caution de rendre l'esclave si on lui restituait le prix dans un temps déterminé (3).

L'exercice des actions édilitiennes avait lieu dès la conclusion du contrat, mais il était suspendu par les modalités qui affectaient la convention elle-même : « *Si donc un esclave a été acheté sous condition, l'action rédhibitoire ne pourra être intentée que du jour de l'accomplissement de la condition, etc... (4).* » Ces actions étaient temporaires ; l'action *rédhibitoire* pouvait être intentée pendant six mois utiles, et l'action en diminution de prix, *quanti minoris*, pendant une année également utile. Le temps courait pour la première à partir du jour de la vente, ou, s'il avait été promis quelque chose, du jour de la promesse (5). Celui qui avait ignoré le vice caché était censé n'avoir pu intenter l'action, et la prescription de six mois ne le frappait pas ; mais on n'admettait pas que l'ignorance causée par la négligence servît d'excuse (6). L'affranchissement de l'esclave vendu mettait fin à l'exercice de ces actions ; mais ces actions subsistaient, même après la mort de l'esclave, pourvu toutefois que la mort n'eût point été déterminée par la faute du vendeur (7).

§ 3. — Les dispositions du troisième chef de l'édit rentrent d'une manière directe dans les attributions de police générale dont les Ediles étaient investis. Ces magistrats réunissaient en effet dans leurs mains l'ensemble des pouvoirs qui sont aujourd'hui dévolus aux préfets, aux maires, aux ingénieurs des ponts et chaussées, etc. ; ils s'occupaient particulièrement de la

---

(1) *Loc. cit.*, L. 25, § 9.
(2) *Loc. cit.*, L. 29, § 1.
(3) *Loc. cit.*, L. 26.
(4) Dig., L. 43, §§ 9 et 10. *De ædilit. edict.*
(5) *Loc. cit.* L. 19 et 20.
(6) *Loc. cit.*, L. 55.
(7) *Loc. cit.*, L. 38, § 3 ; 47 et 48.

sécurité publique, de la voirie et de la police urbaine; ils faisaient dégager les rues étroites et tortueuses de Rome et étaient chargés de procurer une circulation sûre et facile aux voitures et aux piétons; mais, si nous en croyons Juvénal, lorsqu'il décrit avec tant de verve les embarras de Rome, les prescriptions des Ediles n'étaient pas strictement exécutées (1).

Pour éviter ces encombrements qui effraient le poète, nos magistrats avaient arrêté par un édit que depuis le lever du soleil jusqu'à dix heures, les charrettes de gros roulage, *plostra*, ne devaient pas circuler dans la ville, si ce n'est pour la reconstruction des édifices publics ou sacrés, et dans quelques circonstances exceptionnelles (2). Nul individu ne devait, par des étalages ou des embarras, obstruer la voix publique et empêcher ainsi la circulation; signalons une exception pour deux industries : le foulon pouvait faire sécher les étoffes dans la rue et le carrossier exposer les voitures devant sa porte, mais dans tous les cas on devait laisser libre un passage suffisant pour la circulation (3). Nous lisons au Digeste, qu'un Edile fit briser des lits qu'un particulier avait laissés sur la voie publique après les avoir achetés (4). Du reste, dans toutes les affaires peu importantes, les Ediles appliquaient eux-mêmes la peine encourue pour infractions aux dispositions de l'édit; pour un fait grave, ils traduisaient le prévenu devant les comices-tribus, ou en informaient les consuls (5).

Les attributions édilitiennes relatives à la surveillance des édifices publics et privés n'étaient pas moins importantes; elles eurent pour conséquence la réglementation de ces matières par voie d'édit. L'Edile détermina l'alignement des maisons sur les voies publiques, prohiba toute entreprise qui constituait un empiètement sur le domaine de l'Etat, ordonna la démolition ou la réparation des édifices qui menaçaient ruine, édicta des mesures pour prévenir les incendies, etc., etc. (6).

---

(1) Juvénal, *Satir*. 3.
(2) *Tabul. Heracl.*, ligne 56 à 73.
(3) Dig., L. 4. *De via public.*, 43-10.
(4) Dig., L. 12 et 13. *De peric. et com. rei vend.*, 18-6.
(5) Tite-Live, VIII, 18.
(6) Dig., L. 1, pr., *De via publica*, 43-10. — Festus, *v° ædilis*. — Varron, *De ling. lat.*, V, 81. — *Tabul. Heracl.*, ligne 68. — Tite-Live, 39-14. — Dig., L. 1, *De off. præf. vigil.*, I, 15.

18　　　　　　　　L'ÉDIT DES ÉDILES.

Les Ediles punissaient sévèrement tous ceux qui jetaient dans les rues des immondices, des bêtes mortes, etc. (1). Mais il est une disposition de l'édit qui avait pour Rome une haute importance à cause des *chasses de l'amphithéâtre (venationes)*, et de la grande quantité d'animaux que l'on emmenait dans ce but de tous les points du monde. Nous lisons dans l'édit : « *Que personne n'ait près de la voie publique un chien, un verrat, un sanglier, un loup, une panthère, un lion, ni en général aucun animal nuisible, alors même qu'il serait attaché de façon à ne pouvoir causer aucun dommage ; qu'on ne les ait pas davantage sur le bord d'un chemin, par où on a coutume de passer et où ils pourraient être dangereux et nuisibles. S'il en résulte un dommage pour un homme libre, le juge condamnera à ce qui paraîtra équitable et juste. Si la mort s'ensuit, la peine sera de deux cents solides ; pour tout autre dommage on supportera la condamnation au double* (2). »

Les Ediles avaient la police des tavernes, des bains, des lieux publics, des maisons de prostitution, etc., etc. ; ils réglementaient dans leur édit, et condamnaient sévèrement les délinquants. Ils prohibaient les attroupements et les rixes, et nous lisons au Digeste : « *OEdiles non permittant noxari in viis* » (3).

Nous trouvons encore dans leurs attributions la *vérification des poids et mesures* ; ils devaient prévenir toute fraude en s'assurant de leur exactitude (4) et en les comparant aux étalons qui étaient déposés dans le temple de Jupiter Capitolin ; le délinquant était frappé d'une amende ; on brisait ses poids ou ses mesures. « *Préférez-vous*, dit Juvénal, *la robe prétexte de cet ambitieux traîné par des bourreaux à la simple magistrature de Fidènes ou de Gabies, à l'édilité modeste d'Ulubres, au droit de régler sous une tunique grossière les poids et mesures de cette ville déserte et d'y briser les vases frauduleux* (5) ? » Festus (6) nous

(1) *Non permittant œdiles neque stercora projicere, neque morticina, neque pelles jacere.* Dig., L., 5, *De via publ.*, 43-10.

(2) Dig., L. 40 et 41, *De œdil. edicto.* A ces actions édilitiennes, Justinien avait encore ajouté l'action *De pauperie*, en admettant le cumul pour les actions pénales ; *Instit.*, liv. 4-9, § 1.

(3) Dig., L. 5. *De via publ.*, 43-10. — *Aulu-Gelle*, IV, 14.

(4) Juvenal, *Sat.*, X, v. 101. — Cicéron, *Ad famil.*, VIII, 6. Perse, *Sat.*, I, v. 130. — Dig., L. 13, § 8 ; XIX, 2.

(5) Orelli-Henzen, 7133. — EX . INIQUITATIBVS = MENSVRARVM . ET .

a conservé la disposition, qui, pour la première fois, soumit les poids publics à une règle et à l'importante condition d'*uni-formité ;* on avait prévu le cas ou le magistrat vérificateur lui-même aurait commis la fraude : il était frappé d'une amende considérable. La loi Cornelia (672 de Rome), avait édicté des peines très sévères contre ceux qui falsifiaient les poids et mesures (1); l'empereur Adrien les condamna à la déportation : *in insulam eos relegari, qui pondera aut mensuras falsassent.*

L'Edile devait surveiller la qualité des vivres et leur prix ; lorsqu'un marchand tenait ses denrées à un prix trop élevé, il confisquait la marchandise et frappait le spéculateur d'une amende pour accaparement (2); il sévissait aussi contre ceux qui vendaient des viandes, poissons ou autres comestibles qui n'étaient pas irréprochables (3). « *Sans mes différends avec les petits marchands et les porteurs d'eau,* écrivait Célius pendant son édilité (4), *toute la ville serait dans l'inaction.* »

Nous lisons dans Pétrone (5), les plaintes d'un citoyen mécontent. « *De toute la journée, je n'ai pu me procurer un morceau de pain ; qu'elle en est la cause ? La sécheresse qui dure toujours. Malheur aux Ediles qui s'entendent avec les boulangers ! Aide-moi, je t'aiderai : voilà ce qu'ils se disent entre eux ; aussi le menu peuple souffre pendant que ces sangsues nagent dans l'abon-dance. Ce n'est plus comme pendant l'édilité de Salpinius... alors les vivres étaient pour rien ; deux hommes affamés n'auraient pu manger un pain d'un sou... Aujourd'hui tout va mal pour le peuple, mais l'édile fait bombance chez lui. Je pourrais citer telle affaire qui lui a valu mille deniers d'or. Oh ! si nous avions un peu de sang dans les veines ! Mais tel est le peuple aujourd'hui, brave comme un lion au logis, timide au dehors comme un renard.* » Nous savons que les Ediles étaient chargés de faire

PONDER = C . SEPTIMVS . CANDIDVS . ET = P . MVNATIVS . CE-LER . AED . (*œdiles*) = STATERAM . AEREA . ET . PONDERA . DE-CRET . DECVR = PONENDA . CVRAVERVNT.

(6 *de la page précédente*) V° *Pondera publica.*

(1) Dig.. *Ad leg. Cornel. de falsis*, 48-10. — L. 6, § 1. *De extraord. crim..* 47-11.

(2) Apulée, *Metam.*, I. — Tite-Live, 38, 35-30, 26-31, 4.

(3) Plaute, *Captiv.*, IV, 2. — *Rud.*, II, 3, v. 42.

(4) Cicéron, *Ad famil.*, VIII, 6.

(5) *Satiric.*, 44.

amener à Rome du blé dans les temps de disette et même de faire des distributions à bas prix (1).

Nous signalerons un chef de l'Edit, sur lequel nous devons nous borner à de simples indications; les détails nous font défaut. Un de ces chefs concernait la *castration des esclaves.* « *Si quelqu'un*, dit Ulpien (2) *fait un eunuque d'un jeune esclave et qu'il en augmente par ce moyen la valeur, Vivianus a écrit qu'il n'est point soumis à la peine de la loi Aquilia; le maître peut intenter contre lui l'action d'injure, ou celle qui a son origine dans l'édit des Ediles.* »

Macrobe mentionne un chef de l'édit sur la police des spectacles (3) et il est probable que les Ediles avaient réglementé d'après le même principe tout ce qui se rattachait à leurs si nombreuses attributions sur la *cura urbis*, la *cura ludorum*, l'*usure*, le *luxe*, l'*alimentation publique*, le *théâtre*, les *mœurs*, le *costume*, les *réunions publiques*, les *jeux de hasard*, les *lois somptuaires.*

Nous avons consacré une étude spéciale à l'important édit des Ediles sur les *Funérailles;* nous ne reviendrons pas sur ce sujet.

Nous avons peut-être insisté plus que de raison sur l'*édit des Ediles*, mais nous avions la pensée de prouver par des textes que le *droit honoraire*, cet admirable monument de législation, ne fût pas l'œuvre exclusive du Préteur, et que l'Edile peut revendiquer une large part (4).

(1) *Captiv.*, IV, 2, v. 736. — Ce passage de Plaute donnera une idée assez exacte d'un véritable édit des *Ediles* : « *Je rend cet édit, EDICO, afin que si quelqu'un est pris il le soit par sa faute. J'avertis les meuniers, éleveurs de pourceaux qu'ils engraissent avec du son, et dont l'odeur fait qu'on ne peut plus passer devant leur moulin : si je rencontre sur la voie publique un de leurs nourrissons, je m'en prends au maître... J'avertis ensuite les marchands de poisson, qui en vendent au public de pourri; marchandise dont l'odeur chasse tous les promeneurs de la basilique... Pour les bouchers qui vendent de la viande d'agneaux plus que majeurs et qui font passer sous le nom de moutons gras des béliers coriaces... — Ma foi! dit Hégion, il rend les ordonnances d'un Edile.* »

(2) Dig., L. 27, § 8, *Ad. leg. Aquiliam.* — Ev.-Otto a traité toutes les questions qui se rattachent à ce fragment d'édit. Nous pensons avoir établi, dans un autre travail, que les édits des Ediles étaient de deux sortes : les uns *généraux*, et portant sur l'ensemble de leurs attributions ; les autres *spéciaux* à certains cas. — Cicéron, *Philip.*, IX, 7. — Aulu-Gelle, IV, 2.

(3) *Saturnal.*, II, 6.

(4) Les Ediles participèrent à l'origine, par délégation, à la juridiction accordée

Mais, il faut se garder de toute confusion et ne pas se méprendre sur la nature des attributions de ces magistrats. La juridiction de l'Edile diffère de celle du Préteur en ce qu'il ne peut connaître que d'un certain nombre d'affaires, que sa compétence est limitée et avant tout commerciale et administrative. Rigoureusement la juridiction de l'Edile est un empiètement sur les attributions du Préteur, qui devait être le seul juge dans les affaires civiles; mais cet empiètement, la constitution romaine l'avait rendu nécessaire. En effet, dans l'organisation politique de Rome, on ne saurait concevoir un magistrat chargé d'une partie de l'administration sans une action directe sur ses administrés; c'était l'union des deux pouvoirs législatifs et judiciaires. Rome ignora le principe de la séparation des pouvoirs; l'Edile fait des édits et rend des sentences.

aux tribuns dans certaines affaires entre plébéiens, notamment dans les contestations relatives aux transactions faites sur le marché public (G. Humbert, *Dict. des Ant.*, v° *Ædilis.* Isidore, *Orig.*, IX, 4. — Dionys., VII, 58). Dans d'autres circonstances, ils pouvaient agir en vertu d'une délégation spéciale du Sénat, et leur mandat avait alors une certaine analogie avec celui que nos lois ont donné aux juges d'instruction.

REVUE GÉNÉRALE

DU DROIT, DE LA LÉGISLATION
ET DE LA JURISPRUDENCE

EN FRANCE ET A L'ÉTRANGER

DIRIGÉE PAR MM.

BARTHELON
Conseiller à la Cour de Limoges ;

Alph. BOISTEL
Agrégé,
Chargé de cours à la Faculté de droit de
Paris ;

Max. DELOCHE
de l'Institut ;

Th. DUCROCQ
Doyen de la Faculté de droit de Poitiers ;

HUMBERT
Sénateur,
Ancien professeur à la Faculté de droit
de Toulouse,
Procureur général près la Cour des comptes ;

Edm. LABATUT
Juge d'instruction au tribunal de
Castres ;

Joseph LEFORT
Avocat à la Cour d'appel,
Lauréat de l'Institut ;

Fréd. MATHÉUS
Auditeur de 1re classe au Conseil
d'État ;

MICHAUX-BELLAIRE
Avocat au Conseil d'État
et à la Cour de cassation ;

Aug. RIBÉREAU
Professeur à la Faculté de droit, à l'École de
commerce et d'industrie de Bordeaux.

H. BROCHER
Professeur de droit à l'Université
de Genève.

SUMNER-MAINE
Professeur de droit à l'Université d'Oxford,
Membre du Conseil supérieur de l'Inde.

AVEC LE CONCOURS D'UN GRAND NOMBRE DE PROFESSEURS, DE MEMBRES DE LA MAGISTRATURE
ET DU BARREAU FRANÇAIS ET ÉTRANGER

La **Revue générale du droit** paraît tous les deux mois par livraisons de chacune six feuilles
au moins grand in-8º cavalier, format de nos grandes revues littéraires, et forme, à la fin de l'année,
un fort volume de 700 pages environ, imprimé sur beau papier en caractères neufs.

Le prix de l'abonnement est de **16 fr.** pour la France et les pays faisant partie de l'Union
générale des postes. — Pour les autres pays, les frais de poste en sus.

BOISTEL (Alphonse), professeur agrégé à la Faculté de Paris. — *Précis du cours de droit
commercial* professé à la Faculté de droit de Paris. 2e édition, revue, corrigée et considérablement augmentée. 1878. 1 très-fort vol. in-8.   14 »

DUCROCQ (Th.), doyen et professeur de droit administratif à la Faculté de droit de Poitiers, etc.,
etc. — *Cours de droit administratif* contenant le commentaire et l'exposé de la législation
administrative dans son dernier état, avec l'analyse ou la reproduction des principaux textes,
dans un ordre méthodique. CINQUIÈME ÉDITION, très augmentée, mise au courant de la doc-
trine, de la jurisprudence, de la statistique, des programmes des cours dans les Facultés
de droit et des concours à l'auditorat au conseil d'État et à la Cour des comptes, pour ceux
du ministère de l'intérieur, du ministère des finances, de l'administration de l'enregistre-
ment, des domaines et du timbre, aux grades de commissaires et d'aides-commissaires de
la marine, d'élèves consuls, etc. 1877. 2 très forts vol. in-8 compactes, contenant la matière d'au moins quatre volumes ordinaires.   18 »

KELLER (F.-L. de), professeur à l'Université de Berlin. — *De la procédure civile et des actions chez les Romains;* traduit de l'allemand et précédé d'une introduction par M. Charles
CAPMAS, professeur à la Faculté de droit de Dijon. 1870. 1 beau vol. in-8. 9 »

LEFORT (Joseph), lauréat de l'Institut, avocat à la Cour d'appel de Paris. — *Cours élémen-
taire de droit criminel.* 2e édition, revue et augmentée. 1879. 1 fort vol. in-8. 8 »

SAVIGNY (de), professeur à l'Université de Berlin, membre de l'Institut de France. — *Le droit
des obligations.* Traduit de l'allemand et accompagné de notes, par MM. C. GÉRARDIN, professeur de droit romain à la Faculté de droit de Paris; et Paul JOZON, député, avocat à la
Cour de cassation. DEUXIÈME ÉDITION, revue, corrigée et augmentée. 1873. 2 forts vol. in-8º,
sur beau papier vélin.   15 »

THÉZARD (Léopold), professeur à la Faculté de droit de Poitiers. — *Répétitions écrites sur
le droit romain.* DEUXIÈME ÉDITION, refondue et considérablement augmentée. 1879. 1 vol.
in-12.   5 »

BARD ET ROBIQUET, avocats à la Cour d'appel de Paris. — *Droit constitutionnel comparé.
— La constitution française de 1875 étudiée dans ses rapports avec les constitutions étran-
gères.* 2e édition, revue et augmentée. 1878. 1 vol. in-12. 4 »

PERROT (Georges), membre de l'Institut. — *Essai sur le droit public d'Athènes* (Ouvrage couronné par l'Académie française). 1869. 1 vol. in-8º. 6 »

PÉTIGNY (J. de), membre de l'Institut. — *Études sur l'histoire, les lois et les institutions de
l'époque mérovingienne.* 1851. 3 vol. in-8º. 18 »
Ouvrage couronné par l'Institut (Académie des inscriptions et belles-lettres).

www.ingramcontent.com/pod-product-compliance
Ingram Content Group UK Ltd.
Pitfield, Milton Keynes, MK11 3LW, UK
UKHW020142080726
13614UKWH00005B/2359